Circulation à Alger

ARRÊTÉ

réglementant le Service de la Circulation

(20 Février 1930)

LA MAISON DES LIVRES
Anc^nes M^ons JOURDAN-CARBONEL-ANDREO
P. & G. SOUBIRON, Successeurs
12, rue Dumont-d'Urville   ALGER

Pages à consulter

Appareils avertisseurs...... 23

Conduite des véhicules...... 13

Cyclistes 18

Eclairage 19

Enfants 2

Gare Maritime 31

Gros charrois...... 5

Piétons 2, 3

Plaques 24

Poids lourds...... 3

Sens de la circulation...... 9

Sens unique...... 9

Stationnement autorisé...... 26, 29

Stationnement interdit 28

Vitesse 21

MAIRIE DE LA VILLE D'ALGER

ARRÊTÉ

réglementant le service de la circulation

modifiant

ou complétant les arrêtés des 26 mars 1926, 7 octobre 1926, 16 mars 1927, 6 avril 1927, 28 juillet 1927, 5 août 1927, 2 décembre 1927, 12 janvier 1928 et 4 février 1928.

Le Maire de la Ville d'Alger, Chevalier de la Légion d'Honneur;

Vu la loi du 5 avril 1884, notamment les articles 94, 97 et 98;

Vu le décret du 4 juillet 1924 portant règlement sur la police du roulage en Algérie;

Vu les décrets et arrêtés ministériels, préfectoraux et municipaux relatifs à la police de la circulation des véhicules de toutes sortes sur le territoire de la Ville d'Alger;

Vu les articles 171, 475 et 476 du Code Pénal;

Vu l'avis de la Commission administrative de la circulation publique,

ARRÊTE

Article premier. — En raison de l'intensité de la circulation,

Il est interdit aux piétons :

a) De stationner sur la chaussée.

b) De circuler sur la chaussée lorsque le trottoir est libre, sauf pour traverser d'un trottoir à l'autre.

c) De descendre de toutes voitures en marche.

d) De descendre ou de monter dans les tramwys en marche.

e) De monter ou de descendre à gauche d'un tramway à l'arrêt régulier ou à un arrêt accidentel.

f) Les piétons doivent obtempérer aux injonctions des agents de la force publique, en tout ce qui concerne la circulation, sous peine de procès-verbaux.

Il est interdit aux enfants :

de jouer sur la voie publique.

Art. 2. — **IL EST PRESCRIT AUX PIÉTONS:**

a) De traverser la chaussée perpendiculairement, même aux carrefours.

b) De s'assurer, avant de s'engager sur la chaussée, en regardant d'abord à gauche, puis à droite, qu'ils n'ont à redouter l'arrivée d'aucune voiture.

c) En cas de surprise sur la chaussée, de s'arrêter dans l'axe des deux courants de voitures.

d) En cas d'hésitation, de regarder fixement le conducteur ou le chauffeur, de s'immobiliser et surtout de ne jamais se reporter en arrière.

e) De ne pas stationner sur l'extrême bord des trottoirs.

f) de garder toujours leur droite sur le trottoir.

g) De ne traverser la chaussée qu'après le passage des tramways et derrière ceux-ci quand ils sont à l'arrêt.

Circulation des Automobiles "Poids Lourds"

Art. 3. — La circulation des véhicules et tracteurs automobiles dits « poids lourds » munis de remorques est soumise aux prescriptions suivantes:

a) Il ne pourra être attelé à ces véhicules qu'une seule remorque, sauf autorisation spéciale.

La largeur du chargement de ces véhicules ne peut excéder 2 m. 50 (C. R. art. 6).

La longueur du chargement ne pourra, en aucun cas, dépasser de plus d'un mètre l'extrémité arrière du véhicule ou de la remorque, dans tous les cas l'objet ainsi transporté ne devra causer des dégâts à la chaussée (C. P. art. 479, paragraphe II).

L'arrière du chargement devra être muni, le jour d'un fanion, la nuit d'un feu rouge.

b) Leur circulation devra s'effectuer principalement par les grandes artères ou par les quais, sauf dans le cas de nécessité absolue, il leur est interdit d'emprunter les rues du centre et celles d'une largeur inférieure à 8 mètres.

A titre tout à fait exceptionnel, les convois comportant plusieurs remorques pourront être autorisés à circuler sur des itinéraires déterminés. La demande en autorisation devra être adressée à la Préfecture d'Alger, dans les formes prescrites à l'article 32 § C du Code de la route.

La charge totale d'un véhicule automobile de « poids lourds », tare et chargement compris, ne pourra excéder 10 tonnes. Au-dessus de ce poids, la circulation restera soumise à une demande en autorisation spéciale.

Gros Charrois

Art. 4. — La circulation des voitures hippomobiles de plus de deux colliers et des camions automobiles dont le poids total, en charge est égal ou supérieur à 3 tonnes, est interdite dans les rues Bab-Azoun et Bab-el-Oued et sur les boulevards Anatole-France, de la République et Carnot et dans la rue Michelet, partie comprise entre l'origine du chemin Yusuf au débouché de la dite rue Michelet et le boulevard Camille-Saint-Saëns.

Les haquets devront être pilotés surtout aux virages et endroits dangereux.

La circulation de ces véhicules est également interdite rues Dumont-d'Urville et d'Isly, mais seulement de 7 heures à 21 heures, en été, et de 8 heures à 21 heures, en hiver.

Sont seules tolérées les voitures qui auront à charger ou à décharger des marchandises dans ces artères.

Le stationnement est strictement limité au temps nécessaire pour procéder, sans arrêt, au chargement ou au déchargement.

De 10 heures à 12 heures 30, et de 16 heures à 20 heures, la circulation ou le stationnement de ces voitures est formellement interdit rues Dumont-d'Urville et d'Isly.

La circulation des voitures de livraison, hippo-mobiles ou automobiles est interdite de 10 heures à 12 heures 30, et de 16 heures à 20 heures dans les rues et artères ci-après :

Rue Bab-el-Oued, rues bordant la place du Gouvernement, rue de la Marine, rue Bab-Azoun, rue de Chartres, rue de la Lyre, rue Randon, rue Henri-Martin, rue Rovigo, rue Dumont-d'Urville, rue de Constantine, place de la République, rue Littré, rue Jules-Ferry, rue Garibaldi, rue de la Liberté, rue de Tanger, rampe Bugeaud, rue Charras, rue Michelet jusqu'à la Station, boulevard Baudin et rues adjacentes, rue Sadi-Carnot jusqu'au carrefour du Champ-de-Manœuvre.

Art. 5. — Les voitures hippomobiles de plus de deux colliers et les camions automobiles poids lourds emprunteront, pour traverser la Ville, la rue Monge ou le boulevard Baudin, les rues de Constantine et Waïsse, les rampes Magenta et Chasseloup-Laubat, les quais et la rampe de l'Amirauté et vice-versa.

Les voitures de mêmes catégories venant d'El-Biar et se rendant sur les quais doivent emprunter la route d'El-Biar, la rampe Valée, la place Bab-el-Oued, la rue Volland, le boulevard Amiral-

Pierre et la rampe de l'Amirauté, même itinéraire en sens inverse pour le retour.

Ces mêmes voitures venant de Saint-Eugène emprunteront tant à l'aller qu'au retour, le boulevard Amiral-Pierre et la rampe de l'Amirauté.

Celles venant d'Hussein-Dey et se rendant sur les quais doivent emprunter la rue Sadi-Carnot et la rampe Poirel et vice-versa.

ART. 6. — En dehors des rues interdites, les camions de gros roulage, les camions automobiles et, en général, tous les véhicules encombrants doivent emprunter les artères les plus spacieuses et les moins encombrées.

ART. 7. — La circulation des voitures hippomobiles de plus d'un collier et des camions automobiles poids lourds est interdite, rue Baron-de-Vialar, rue Rolland-de-Bussy, rue Chevaliers-de-Malte, rue du Coq, rue des Tanneurs, chemin du Panorama, chemin du Départ, boulevard Victor-Hugo, boulevard Laferrière, côtés Nord et Sud, entre l'avenue Pasteur et de la rue d'Isly.

ART. 8. — La circulation des voitures hippomobiles de plus de trois colliers et des camions automobiles poids lourds est interdite chemin vicinal n° 1 (chemin de Notre-Dame d'Afrique), chemin vicinal ordinaire n° 15 (rue Lys-du-Pac), rue Julienne, rue Daguerre, chemin Pouyanne et d'Isly supérieur jusqu'aux Tagarins, chemin des Glycines et chemin de la Solidarité.

ART. 9. — La circulation des véhicules de toutes sortes et interdite chemin de la Solidarité, dans sa partie comprise entre les deux extrémités de l'avenue Dujonchay.

ART. 10. — L'accès du chemin Sidi-Ben-Nour est interdit aux voitures chargées de plus de deux tonnes. Le passage des poids lourds (supérieurs à 5 tonnes en charge) est interdit sur le pont du boulevard Camille-Saint-Saëns surplombant la rue Jacques-Cartier.

ART. 11. — La circulation des voitures hippomobiles et automobiles de toutes sortes, ainsi que des voitures ou charrettes à bras ayant plus de 1 m. 20 de largeur, roues comprises, est interdite, de 6 heures à 19 heures, dans la rue Vialar, partie comprise entre la rue de la Colonie et la rue de Chartres.

ART. 12. — De 6 heures à 11 heures 30 du matin, la circulation des voitures est interdite rue Clauzel, entre la rue Richelieu et la rue Drouet-d'Erlon et place de la Lyre, partie comprise entre le marché de la Lyre et le bas du boulevard Gambetta, sauf pour les voitures ayant réellement à se rendre à ces endroits pour charger ou décharger les marchandises.

Sens de la Circulation

ART. 13. — La circulation est libre dans les deux sens dans les rues Dumont-d'Urville et d'Isly. Toutefois, les voitures qui n'auront pas à déposer ou à prendre des personnes ou des marchandises dans ces deux rues sont engagées à emprunter les rues ci-après :

de la place de la République au boulevard Laferrière, rue de Constantine;

du boulevard Laferrière à la place de la République, boulevard Bugeaud et rue de Constantine.

Rues à sens unique

ART. 14. — Dans les voies publiques ci-après, la circulation des véhicules s'effectuera obligatoirement dans le seul sens indiqué :

1° rue Bab-Azoun et Bab-el-Oued — de la place de la République à la place Bab-el-Oued;

2° rues Chanzy, Mac-Mahon et Maréchal-Bosquet — du boulevard Bugeaud à la rue d'Isly;

3° rue de Gueydon, Pélissier et Généraux-Morris — de la rue d'Isly au boulevard Bugeaud;

4° boulevard Bugeaud — de l'Hôtel des Postes à la rue de Constantine;

5° rue des Chevaliers-de-Malte — de la rue d'Isly à la rue de Tanger;

6° rues Ledru-Rollin, de l'Industrie, Avizard, Ducos-de-la-Hitte et Bedeau — du boulevard Carnot à la rue de Constantine;

7° rues Garibaldi, Colbert, Ménerville, Arago, Loverdo, Changarnier et Cavaignac — de la rue de Constantine au boulevard Carnot;

8° rue de Chartres — de la rue Juba à la place de la République;

9° rue Juba — de la place du Gouvernement à la rue de Chartres;

10° rues Palmyre, Bosa, de l'Aigle, du Laurier et Littré — du boulevard de la République à la rue Bab-Azoun;

11° rues Saint-Louis et de la Flèche — de la rue Bab-Azoun au boulevard de la République;

12° rue Flatters — de la rue Jules-Ferry au boulevard de la République;

13° rue Jules-Ferry — de la rue Littré à la rue Palmyre;

14° rue Roland-de-Bussy — de la rue d'Isly à la rue Mogador;

15° rue du Hamma — de la rue Cadet-de-Vaux à la rue Dumont-d'Urville;

16° rue de Tanger — de la rue Dumont-d'Urville à la rue Généraux Morris;

17° rue Edouard Cat — de l'avenue Pasteur à la rue Berthezène;

18° rue Nord du boulevard Laferrière (côté de l'Hôtel des Postes — de la rue de Constantine à la rue d'Isly;

19° rue Sud du boulevard Laferrière (côté de la Brasserie Laferrière) — de la rue d'Isly au boulevard Baudin;

20° rue Edgard Quinet — de la rue Hoche à la rue Auber (dans sa partie comprise entre ces deux rues);

21° rue Balzac — de la rue Sadi-Carnot à la rue Edgard Quinet;

22° rue Villotran — de la rue Bel Air à la rue Sadi-Carnot;

23° rue Mahon — de la rue Bab-el-Oued à la place de la Pêcherie;

24° rue Cléopâtre — de la rue Mahon à la place du Gouvernement;

25° rue Jean de Matha — de la place de la Lyre à la rue Rovigo;

26° rue Joinville — de la rue d'Isly à la rue Mogador ;

27° rue de Pierre — de la rue Michelet à la rue Denfert-Rochereau;

28° rue Ampère — du N° 84 de la rue Michelet au N° 66 de la même rue;

29° rue Volland — de la place Bab-el-Oued au bd Amiral Pierre;

30° rue Général Boissonnet — du bd Amiral Pierre à la place du Lycée;

31° rue Rossini — de la rue du Hamma à la rue Dumont-d'Urville;

32° rue du Parc — de la rue Dumont-d'Urville à la rue du Hamma;

33° rue Bel Air — de la rue Balzac à la rue Sadi-Carnot;

34° rue Meissonier — de la rue Hoche à la rue Elie-de-Beaumont;

35° rue Marey — de la rue Fontaine Bleue à l'allée des Mûriers;

36° rue Ballay — de l'avenue Pasteur à la rue d'Isly;

37° rue Damrémont — de la rue de Chartres à la rue de la Lyre;

38° rue Mogador — de la rue Dupuch à la rue Généraux Morris;

39° rue de la Liberté — de la rue Garibaldi à la rue Waïsse;

40° rue de l'Union — de la place Jeanne d'Arc à la rue de Lyon;

41° rue de Mulhouse — depuis la rue Michelet et retour par la rue Valentin.

ART. 15. — Les rues à sens unique seront munies d'un écriteau rouge très visible placé à l'extrémité de la rue côté « Sens Interdit ». Aux croisements des rues transversales, une flèche indiquera le sens à suivre.

La circulation sera libre dans les deux sens dans toutes les artères, de 21 heures à 4 heures 30 du matin.

Conduite des véhicules

ART. 16. — Tous les véhicules doivent marcher à une vitesse modérée. Tout conducteur restera constamment maître de sa vitesse. Il est formellement interdit à toutes les voitures tant hippomobiles qu'automobiles de doubler à droite ou à gauche un tramway à l'arrêt. Toutefois, quand l'arrêt des tramways se trouve entre deux refuges, le dépassement est autorisé à droite (Grande Poste, Grand Lycée, etc...).

ART. 17. — Les tramways, malgré leur droit de

priorité sur les autres véhicules, doivent toujours marcher à une allure modérée et s'assurer au démarrage qu'aucun piéton n'est en danger, qu'aucun véhicule ne gêne leur départ.

Les tramways sont tenus de s'arrêter strictement aux points fixés et de ne jamais obstruer les accès des rues transversales.

Art. 18. — Toutes les voitures automobiles, hippomobiles, carrioles, charrettes, camions, voitures à bras, motocyclettes, bicyclettes doivent toujours conserver leur droite et marcher de telle façon que la moitié de la chaussée soit réservée d'un côté aux voitures montantes, de l'autre aux voitures descendantes.

Art. 19. — Tout conducteur qui a devant lui quelque obstacle que ce soit doit le dépasser à sa gauche.

Aussitôt que l'obstacle qui l'a forcé à dévier à gauche est dépassé, il doit reprendre sa droite.

Lorsque les exigences de la circulation l'obligent à raser les trottoirs, ce conducteur doit prendre une allure très modérée. Il doit prendre l'allure d'un homme au pas dès qu'il approche d'un convoi funèbre, d'un rassemblement, d'un obstacle quelconque à la libre circulation.

Art. 20. — Les conducteurs doivent doubler à

gauche les voitures qu'ils dépassent, ces dernières devront se porter autant que possible à droite à ce moment-là.

ART. 21. — Les tramways en marche peuvent être doublés à gauche lorsque la droite est encombrée par un obstacle quelconque.

Les conducteurs de véhicules doivent, avant de prendre la gauche, 'sassurer qu'ils peuvent le faire sans risquer une collision avec un véhicule ou animal venant en sens inverse.

Il est interdit d'effectuer un dépassement quand la visibilité en avant n'est pas suffisante.

Après un dépassement, un conducteur ne doit ramener son véhicule sur la droite qu'après s'être assuré qu'il peut le faire sans inconvénient pour le véhicule ou l'animal qu'il a dépassé.

ART. 22. — Quand un conducteur doit tourner dans une rue à gauche, il doit le faire en gardant toujours sa droite et avertir en étendant le bras de façon visible, les conducteurs qui sont derrière lui. En règle générale, tout conducteur qui est forcé, soit de s'arrêter, soit de traverser la voie, soit de tourner à droite doit faire un signal visible pour ceux qui sont derrière lui.

ART. 23. — Au croisement des voies, quelle qu'en

soit la longueur, les conducteurs doivent toujours céder le pas à la voiture qui vient à leur droite. Ils sont tenus de ralentir et au besoin de s'arrêter avant de franchir le croisement des rues, les conducteurs des voitures automobiles doivent donner le signal par un coup de trompe afin de prévenir les conducteurs des autres voitures venant des rues perpendiculaires.

Tout conducteur d'un véhicule quelconque voulant couper une voie de tramways, doit ralentir, s'arrêter même, si c'est nécessaire, les tramways ayant priorité pour la circulation.

Art. 24. — Afin d'éviter les contraventions dites « au vol », les propriétaires ou conducteurs de voitures attelées ou d'automobiles devront prêter attention aux injonctions des agents de l'autorité et s'arrêter dès que l'ordre leur en est donné. Les agents devront veiller à la vitesse des voitures, de façon à faire signe au conducteur en contravention avant que celui-ci les ait dépassés.

Art. 25. — Les conducteurs ne devront pas chercher à dépasser d'autres voitures si ce n'est lorsqu'ils pourront le faire avec sécurité et en marchant à une allure modérée.

Art. 26. — Toute personne conduisant un véhicule quelconque dans la Ville d'Alger, devra se conformer à toutes les observations qui pourraient lui être faites par les agents de l'autorité, elle devra s'arrêter à première réquisition.

ART. 27. — Il est enjoint aux conducteurs de véhicules quelconques (tramways, automobiles, camions, voitures particulières, etc...) de s'arrêter pour livrer passage aux pompes et voitures de secours contre l'incendie se rendant à un sinistre ou en revenant et aux ambulances de la ville lorsqu'elles transportent des malades ou des blessés.

ART. 28. — Il est interdit aux conducteurs de voitures de couper les convois funèbres, les files de jeunes écoliers et les détachements de troupes. Ils doivent ralentir aux abords immédiats des écoles à l'heure de l'entrée ou de la sortie des classes.

ART. 29. — Les abords des gares et marchés, des portes cochères, des édifices servant à l'exercice du culte et les endroits où se font de grosses manipulations de colis particulièrement encombrants devront toujours être dégagés de façon à ce que la circulation puisse s'y accomplir sans embarras.

ART. 30. — Toutes manœuvres par marche arrière et marche avant sont interdites dans les rues et artères, on devra procéder par circuits.

Art. 31. — L'échappement libre et l'excès de fumée sont interdits.

Art. 32. — Toutes les voitures hippomobiles et automobiles militaires et des administrations publiques devront se conformer strictement au présent règlement.

Art. 33. — Les voitures hippomobiles servant au transport de matériaux ou de marchandises devront, en toute circonstance, marcher à l'allure d'un homme au pas.

Cyclistes

Art. 34. — Il est interdit aux groupes cyclistes de circuler de front sur la chaussée, d'emprunter les trottoirs et même de les traverser en vue d'accéder aux propriétés riveraines, et aux cours ouvrant sur la voie publique, autrement qu'en tenant leur machine à la main. Ils ne devront pas dépasser dans l'intérieur de la Ville, la vitesse maximum de 15 kilomètres à l'heure. En outre, ils devront ralentir l'allure et au besoin descendre et marcher à pied toutes les fois que les circonstances ou la disposition des lieux l'exigeront.

Il est interdit aux cyclistes de transporter une personne adulte sur une partie quelconque de leur machine. Les courses et l'exercice d'entraînement sont formllement interdits dans l'intérieur de la Ville. Tout cycle doit être muni d'au moins un frein et porter une plaque métallique indiquant le nom et le domicile du propriétaire.

Prescriptions

Art. 35. — Il est prescrit à tout conducteur de véhicule de prendre les précautions nécessaires pour éviter les projections de boue sur les passants ou sur les immeubles.

Art. 36. — Il est interdit à toute personne de s'accrocher ou de se suspendre à l'arrière des voitures à traction mécanique ou à traction animale et de se tenir pendant la marche sur les marche-pieds d'accès des voitures.

Éclairage

Art. 37. — Toutes les voitures hippomobiles, carrioles, charrettes, camions, etc..., doivent être éclairées, dès la chute du jour, à l'avant par une ou deux lanternes à feu blanc et à l'arrière par une lanterne à feu rouge.

Le feu blanc, s'il est unique, doit être placé du côté gauche. Il en est de même du feu rouge. Celui-ci peut être produit par le même foyer lumineux que le feu gauche d'avant si la forme ou la disposition du chargement n'en gêne pas la visibilité et si la longueur totale du véhicule, chargement compris, n'excède pas six mètres.

Art. 38. — Dès la chute du jour tout véhicule automobile doit être muni à l'avant de deux lanternes à feu blanc d'une puissance d'éclairage suffisante et à l'arrière d'une lanterne à feu rouge placée à gauche. Ce feu rouge pourra être combiné de façon à éclairer la plaque d'identité.

En cas d'emploi d'une ou plusieurs remorques, la dernière remorque doit porter le feu rouge d'arrière.

Art. 39. — Pour la motocyclette, l'éclairage peut être réduit soit à un feu visible à l'avant, à l'arrière, soit même, quand un appareil à surface réfléchissante rouge est établi à l'arrière, à un feu visible de l'avant seulement.

Art. 40. — Dès la chute du jour, toute bicyclette doit être pourvue, soit d'un feu visible de l'avant à l'arrière, soit d'un feu visible de l'avant seulement et d'un appareil à surface réfléchissante rouge à l'arrière.

ART. 41. — Il ne sera exigé pour les voitures à bras qu'un feu unique, coloré ou non.

ART. 42. — Le sens de direction des pompes et voitures du service d'incendie est indiqué par deux feux verts et un feu rouge placés à l'avant.

ART. 43. — L'usage des phares est interdit à l'intérieur de la Ville; toutefois les phares code règlementaire seront tolérés au-delà des points suivants :

Côté Nord : Cimetière européen de Bab-el-Oued et Hôpital Maillot.

Côté Ouest : portes du Sahel.

Côté Sud : Station Sanitaire.

Côté Sud-Est : Jardin d'Essai.

Vitesse

ART. 44. — Sans préjudice des responsabilités qu'il peut encourir à raison des dommages causés aux personnes, aux animaux et aux choses, tout conducteur de véhicule automobile doit rester constamment maître de sa vitesse.

Il est tenu, non seulement de réduire cette vitesse, mais de ralentir ou même d'arrêter toutes les fois que le véhicule, en raison des circonstances ou de la disposition des lieux, pourrait être une cause d'accident, de désordre ou de gêne pour la circulation.

Art. 45. — Les voitures automobiles ne doivent pas dépasser la vitesse de 25 kilomètres à l'heure. Elle devra être ramenée à une allure inférieure chaque fois que les circonstances l'exigeront : intersections des rues, passages encombrés, voies étroites, travaux, etc...

Les camions automobiles ne devront pas dépasser la vitesse de 15 km à l'heure, elle devra être réduite comme pour les automobiles, chaque fois que les circonstances l'exigeront.

La vitesse de tous les véhicules passant sur le pont du boulevard Camille Saint-Saëns ne pourra être supérieure à 10 kilomètres à l'heure.

Art. 46. — La vitesse des voitures hippomobiles de plus de deux colliers et des camions automobiles poids lourds sur les rampes de l'Amirauté, Chasseloup Laubat, Magenta, Chasseriau, l'avenue de la Gare et la rampe Poirel, ne devra pas dépasser 8 kilomètres à l'heure.

Art. 47. — Les voitures suspendues à traction animale, les bicyclettes, etc... circulant sur le territoire de la Ville d'Alger ne pourront en aucun cas être conduites à une vitesse excédant 15 kilomètres à l'heure.

Cette vitesse sera réduite chaque fois que les circonstances l'exigeront.

ART. 48. — Dès la création de passages cloutés, les automobilistes et conducteurs de tous véhicules devront ralentir à ces passages et s'arrêter à l'injonction d'un agent de la force publique. Les piétons devront obligatoirement emprunter ces passages lorsqu'ils seront soit à droite soit à gauche, à moins de vingt mètres de distance.

Appareils avertisseurs

ART. 49. — L'approche de tout véhicule automobile doit être signalé en cas de besoin, au moyen d'un seul coup d'une trompe à un seul ton dans le registre grave ou d'un vibreur électrique.

ART. 50. — Toute bicyclette doit être munie, à l'exclusion de tout autre appareil sonore, d'un timbre ou d'un grelot.

ART. 51. — Les appareils avertisseurs ne doivent être actionnés qu'en cas de besoin réel.

L'usage des appareils avertisseurs est formellement interdit :

1° Lorsque le véhicule est à l'arrêt.

2° Pendant la nuit, de 22 h. à 6 h.

Toute réparation et essai d'appareils avertisseurs sont interdits sur la voie publique.

Art. 52. — L'usage des cornes à deux tons est exclusivement réservé aux pompes et voitures du service des incendies.

Plaques

Art. 53. — Indépendamment des plaques spéciales aux automobiles définies à l'article 27 du code de la route, tout propriétaire est tenu de faire apposer, d'une manière très apparente, sur les véhicules lui appartenant, une plaque métallique portant en caractères lisibles, ses nom, prénoms et domicile.

Sont exceptés de cette disposition :

1° Les voitures à bras;

2° Les voitures à traction animale destinées au transport des personnes et étrangères à un service de transports en commun;

3° Les voitures appartenant à l'Administration des Postes;

4° Les voitures, chariots et fourgons appartenant aux départements de la Guerre et de la Marine;

5° Les véhicules automobiles dont l'usage est réservé exclusivement aux besoins des services de police et de sûreté générale (C. R., art. 5).

Indépendamment de la plaque prescrite par l'article ci-dessus, tout véhicule automobile doit porter d'une manière apparente, sur une ou plusieurs plaques métalliques, le nom du constructeur, l'indication du type et le n° d'ordre dans la série ou type et, en outre, s'il s'agit d'un véhicule destiné à transporter des marchandises, le poids du véhicule à vide et le poids du chargement maximum. Les véhicules remorqués doivent porter également, sur une plaque métallique l'indication de leur poids à vide et du poids de leur chargement maximum (C. R., art. 37).

Tout véhicule automobile doit, en outre, être pourvu de deux plaques d'identité portant un numéro d'ordre; ces plaques doivent être fixées en évidence d'une manière inamovible, à l'avant et à l'arrière du véhicule.

Le Ministre des travaux publics en arrête le modèle et le mode de pose; il détermine également l'attribution des numéros d'ordre aux intéressés (C. R., art, 27).

Stationnement

Art. 54. — **Le stationnement est autorisé :**

1° Sans limite de durée et entre les poteaux indicateurs à des emplacements spécialement désignés et spacieux. Le nombre indiqué des voitures pouvant stationner ne sera pas dépassé.

2° Sur une seule file, dans toutes les artères pour lesquelles n'existe pas une interdiction formelle indiquée à l'art. 60, ce stationnement étant limité par les besoins des riverains, sous réserve de ne pas gêner la circulation, d'observer les règlements en vigueur et les indications des écriteaux.

Art. 55. — Ce stationnement, **sur une seule file, sera obligatoire les lundi, mercredi et vendredi du côté des numéros pairs, les mardi, jeudi et samedi du côté des numéros impairs,** les stationnements étant autorisés dans les deux sens le dimanche.

Les voitures hippomobiles devront être gardées.

Les propriétaires des voitures en stationnement sont toujours. responsables des gardiens qu'ils emploient et des accidents, vols ou autres risques pouvant résulter du fait de l'abandon de ces véhicules.

Art. 56. — Les vehicules encombrants, gros charrois, camions, camionnettes, voitures à bras, voitures hippomobiles ne doivent stationner dans les artères à tramways ou très encombrées et étroites que le temps nécessaire pour faire sans interruption toutes les opérations de chargement et déchargement. Dans tous les cas, la circulation doit demeurer possible.

Art. 57. — En dehors des véhicules ayant à effectuer des opérations de chargement et de déchargement, et dans le but d'assurer la libre circulation, tout stationnement dépassant cinq minutes est interdit à tous véhicules, dans les voies à tramways, sauf du côté des arcades, boulevard Anatole France, de la République, Carnot et Baudin, jusqu'à la hauteur de la rue Jean Rameau.

Art. 58. — Ces mêmes tolérances de stationnement pour chargement et déchargement (art. 56) et d'arrêt d'un grand maximum de cinq minutes (art. 57) sont prévues à l'opposé de l'arrêt réglementaire dans les rues soit à sens unique, soit à stationnement sur une seule file (art. 54), soit à stationnement complètement interdit (art. 60).

Art. 59. — Il est formellement interdit à toutes les voitures de stationner, même momentanément, à la hauteur des différents arrêts de tramways, au débouché d'une rue, d'un passage public, d'une porte cochère, à la hauteur et sur la même ligne qu'une voiture déjà arrêtée, tout ou partie sur les trottoirs.

ART. 60. — **Le stationnement de toutes voitures hippomobiles, automobiles, carrioles, charrettes, camions, motocyclettes, bicyclettes, etc... est formellement interdit dans les artères ci-après, sauf les réserves faites aux art. 57 et 58.**

a) Chevaliers de Malte, des Tanneurs, de la Poudrière, Rolland de Bussy, Drouet d'Erlon (entre la rue Sadi-Carnot et l'avenue de la gare), Boulevard Victor Hugo (entre la rue Sadi-Carnot et la rue Clauzel), rue Saint-Louis, rue Jénina, rue Bruce (dans sa partie comprise entre la Place Lavigerie et la Place Jénina), Chemin des Glycines, Chemin de Notre-Dame d'Afrique, dans les chemins prévus à l'article 8; sont rappelées également les interdictions des articles 11 et 12.

b) Avenue des Consulat, Avenue de la Bouzaréah, Avenue Durando, Avenue de la Marne, rue Bab-el-Oued, Place du Gouvernement (le long des lignes des tramways), rue Dumont-d'Urville, d'Isly, place d'Isly, en bordure de la rue d'Isly et du côté du xixe Corps d'Armée, rue Michelet.

c) Avenue Malakoff, rue Borély-la-Sapie, Boulevard Amiral Pierre, Place Lemercier, rue de Constantine, rue Sadi-Carnot jusqu'à la hauteur des ateliers du P.-L.-M. et rue de Lyon (jusqu'à la hauteur du cimetière musulman).

d) Rue du Divan, rue de la Lyre, Place de la Lyre, rue Rovigo (jusqu'à la hauteur de la place Escoffier) boulevard de la Victoire, rue Randon, rue Marengo.

ART. 61. — Lorsqu'un véhicule est immobilisé par suite d'accident ou que tout ou partie d'un chargement tombe sur la voie publique sans pouvoir être immédiatement relevé, le conducteur doit prendre les mesures nécessaires pour garantir la sécurité de la circulation et notamment pour assurer dès la chute du jour l'éclairage de l'obstacle (C. R., article 11).

ART. 62. — **Le stationnement sera autorisé dans les deux sens, sous réserve de ne pas gêner les riverains et la circulation dans les artères ci-après :**

A) Boulevard Carnot, entre la rue Waïsse et le square Guynemer (sauf devant la Préfecture, côté Préfecture et sur les rails des trams des C.F.R.A.).

B) Avenue Pasteur (sauf devant le square qui est réservé aux voitures publiques).

C) Dans la rue Côté Nord du Boulevard Laferrière (côté de la Grande Poste) entre la rue de Constantine et la rue d'Isly, et dans la rue Côté Sud dudit boulevard.

La partie du boulevard Laferrière au-dessus de la rue d'Isly est réservée uniquement aux voitures publiques.

D) Rue de Constantine entre la Place de la République et la rue Waïsse.

E) Rue de Strasbourg.

F) Rue Richelieu.

G) Rue Delacroix;

H) Place Bab-el-Oued, contre le trottoir de la Caserne.

I) Rue Monge.

Art. 63. — Les voitures en stationnement devront toujours dégager les angles des rues d'au moins cinq mètres, de façon à faciliter la circulation. Des poteaux ou de la peinture en bordure des trottoirs indiqueront l'espace à dégager.

Il est prescrit de maintenir une distance de 1 mètre 50 entre chaque véhicule en stationnement de façon à faciliter le dégagement.

Gare Maritime

ART. 64. — Un emplacement est réservé, rampe Magenta, aux véhicules de toutes sortes qui viennent attendre les voyageurs et les touristes à l'arrivée des navires à passagers accostant au Môle Al-Djefna (A. P. du 23-1-1928, art. 1 *ter*).

ART. 65. — Les conducteurs de ces véhicules ne pourront quitter l'emplacement sus-visé qu'au moment où les paquebots franchiront la passe. Ils rejoindront alors les points de stationnement fixés par l'Administration situés à l'Ouest des bâtiments à rez-de-chaussée et étage de la gare maritime. (A. P. du 23-1-1928, art. 2).

ART. 66. — Il est interdit aux véhicules en question de descendre à la gare maritime par la rampe Chasseloup-Laubat et de regagner la Ville par la rampe Magenta (A. P. du 23-1-1928, art. 3).

ART. 67. — Les voitures de place et tous autres véhicules qui viennent attendre des voyageurs à l'arrivée des courriers pourront se rendre à l'emplacement de la rampe Magenta et du boulevard Carnot, une heure avant l'arrivée des bateaux et ne pourront quitter le dit emplacement pour se rendre à la gare maritime qu'au moment où les paquebots franchissent la passe et sur l'ordre donné par un agent de la circulation désigné à cet effet et chargé de ce service au dit emplacement.

Les voitures dites « Grande remise » et « cars-excursions » sont soumises à la même réglementation que celles ci-dessus, mais elles ne pourront venir au susdit emplacement que si elles sont louées par des particuliers ou par des agences de location.

Les voitures « taxi-autos » et les voitures « grande location » et « grande remise » sont divisées par section de :

1° Taxi-autos, 25 voitures.

2° Grande location, 5 voitures.

3° Grande remise, 10 voitures.

pour assurer le service libre à la gare maritime, à l'arrivée des paquebots touristes seulement. Ces sections marcheront chacune à leur tour et par un roulement réglé par le chef de service des voitures et de la circulation.

ART. 68. — Les conducteurs de tous ces véhicules devront se conformer aux ordres qu'ils recevront des agents de l'autorité et aux indications des écriteaux apposés par l'Administration.

ART. 69. — Les voitures de toutes catégories rangées sur l'emplacement de la rampe Magenta et du boulevard Carnot se rendront à la gare maritime par la rampe Magenta et regagneront la Ville par la rampe Chasseloup-Laubat.

Elles stationneront dans la cour de la gare maritime pour y prendre les passagers des bateaux accostant à cette gare. Les points de stationnement et les artères à parcourir par les voitures venant attendre les voyageurs devront être tenus complètement libres à partir du moment où les paquebots sont signalés au large et jusqu'au départ de la dernière voiture.

Art. 70. — Après évacuation des passagers, les conducteurs des voitures isolées amenant à la gare maritime des touristes d'un paquebot amarré au quai Est, pourront aller jusqu'à ce quai pour y débarquer leurs voyageurs. Aussitôt les voyageurs débarqués, lesdits conducteurs devront quitter le quai Est et, dans le cas où ces voyageurs garderaient la voiture, les conducteurs les préviendront qu'ils vont stationner dans la cour de la gare maritime où ils les attendront.

De 5 heures du soir à 5 heures du matin, les voitures qui demeureront louées pourront attendre leurs voyageurs sur le quai Est.

Art. 71. — Aussitôt après le débarquement des

passagers, les omnibus d'hôtels ou voitures quelconques qui auraient des bagages à charger à la salle des visites seront autorisés à s'y rendre après avis du Chef du Service des voitures et de la circulation.

Art. 72. — Quand l'arrivée d'un paquebot touriste coïncidera avec celle d'un paquebot régulier, le Service de la circulation placera les voitures pour les paquebots touristes du côté opposé au quai d'accostage du paquebot régulier arrivant, c'est-à-dire pour un Transatlantique, vers le Sud, pour un Touache vers le Nord. Afin de ne pas gêner les passagers des courriers réguliers, les voitures pour paquebots touristes descendront la rampe Magenta par groupe de cinq voitures.

Art. 73. — Les voitures de place libres qui attendent le moment de descendre aux débarcadères quitteront le stationnement de la rampe Magenta après en avoir reçu l'ordre et elles iront se placer à la gare maritime, à l'endroit qui leur est réservé, par groupe de dix voitures « auto-taxis », cinq voitures de « grande location ou calèches » et cinq voitures de « grande remise ».

Art. 74. — Pour compléter cette règlementation, le code de la route devra être respecté tant au point de vue des véhicules en mouvement que des véhicules en stationnement, etc...

Art. 75. — Sont maintenues toutes les dispositions antérieures prises relativement à la circulation qui ne sont pas contraires à celles qui précèdent.

Art. 76. — M. le Secrétaire Général de la Mairie, le Commissaire Central, le Chef de service des voitures publiques et de la circulation ainsi que les agents de la force publique sont chargés, chacun en ce qui le concerne, de l'exécution du présent arrêté.

Alger, le 20 Février 1930

PREFECTURE D'ALGER
3e Division N° 4491/3
Vu et Approuvé
Alger, le 24Mars 1930
Le Préfet :
Signé : ATGER

Le Maire :
Signé : BRUNEL
P. Ampliation,
P. le Maire :
L'Adjoint délégué,

LA MAISON DES LIVRES

12, Rue Dumont-d'Urville

vient de publier

Le Mariage
de Mademoiselle Centhectares

Par Lucienne JEAN-DARROUY

Choses et Gens du Hoggar

Par Ely LEBLANC

L'HOTEL DU SERSOU
ROMAN DU SUD ALGÉROIS

Par Albert TRUPHÉMUS

La Maison des Livres
12ᵇ rue Dumont-d'Urville

9 782329 086422